LETTRE A M***

SUR UN

NOUVEAU SYSTÈME ÉLECTORAL

PAR

E. C.

« ..... Dans ce nouveau mode d'élection....... on peut dire
« avec vérité que c'est le corps électoral lui-même qui se
« contrôle, s'épure et se perfectionne de plus en plus, afin de
« ne laisser entrer au parlement que les hommes les plus
« éminents dans chaque nuance de l'opinion publique. » (p. 11)

NICE

TYPOGRAPHIE ET LIBRAIRIE S. C. CAUVIN ET Cᵉ

Rue de la Préfecture, 6.

—

1872

LETTRE A M***

SUR UN

NOUVEAU SYSTÈME ÉLECTORAL.

Rubelles-sur-Melun, 10 décembre 1871.

Cher Monsieur,

Pour me conformer à votre désir, j'extrais de mes *idées et rêveries sur divers sujets d'économie politique et sociale* l'exposé d'un nouveau système électoral, complétement inédit, je pense, et je vous l'envoie pour que vous puissiez le méditer et même le publier, si vous jugez qu'il en vaille la peine, dans les circonstances présentes.

Tout le monde connaît les défauts, les impossibilités et même les dangers du suffrage universel, tel qu'on le pratique en France; aussi les électeurs s'abstiennent de plus en plus, dégoûtés qu'ils sont d'un système électoral qui semble combiné tout exprès pour faire triompher des coteries, et qui doit presque inévitablement, à une époque plus ou moins éloignée, livrer la France entière à une minorité infime, mais bien disciplinée, obéissant partout en même temps à un mot d'ordre simultanément donné.

Ou le suffrage universel doit cesser d'exister, ou bien presque toutes ces imperfections et toutes ces impossibilités doivent disparaître à tout jamais.

Or, pour éviter désormais les erreurs, les fraudes et les surprises, pour que les résultats du suffrage universel soient aussi libres, aussi intelligents et aussi vrais que possible, et que personne surtout ne puisse les contester, il faudrait :

1° Qu'on rende le vote facile pour tous les électeurs et qu'on trouve un moyen simple et commode pour que les électeurs qui ne peuvent pas ou ne veulent pas se déranger pour aller au scrutin, puissent malgré cela prendre *facilement* part au vote.

2° Qu'il n'y ait plus aucune abstention et que tous les électeurs, sans exception, soient tenus de voter, soit en déposant ou en envoyant leur bulletin, afin que les minorités évincées ne puissent plus, comme aujourd'hui, prétendre enregistrer à leur profit les trop nombreuses abstentions qui se produisent, s'en faire un prétexte pour attaquer la majorité, contester sa légitimité et affaiblir son autorité et son prestige ; car le pouvoir, issu d'une majorité douteuse et discréditée, reste comme elle hésitant et faible, et c'est alors que surgissent les révolutions et les catastrophes.

3° Il faudrait qu'aucune voix ne soit perdue et que toutes au contraire produisent un effet utile; en se réunissant et se groupant par nuance d'opinion pour concourir, directement ou indirectement, à la nomination d'un député de cette opinion. De sorte que chaque nuance de l'opinion publique et même chaque électeur en particulier, seraient assurés d'avoir un représentant dans le parlement, et de plus, on ne verrait plus se produire ce fait, aussi fréquent que déplorable, d'un député nommé,

par suite des divisions, des malentendus et des abstentions, par un cinquième à peine des électeurs inscrits,
dont il est censé représenter la majorité, tandis que plus
des quatre cinquièmes en réalité ne sont pas représentés.

4° Il faudrait que le suffrage direct ne soit pas maintenu d'une manière absolue, parce que d'abord dans ce
systéme la moitié environ des électeurs, ceux qui tien-
nent à prendre part au vote, sont contraints, pour ne
pas perdre leur voix, de la donner, neuf fois sur dix,
au hasard, ou en aveugles ou par ordre, à un homme
qu'ils ne connaissent pas, et qui leur est recommandé
ou imposé par des comités composés de gens qu'ils ne
connaissent pas davantage; or un tel vote ne peut-être
évidemment ni intelligent, ni libre, ni vrai; et aussi
parce que les autres, dégoûtés d'un système qui oblige
presque tous les électeurs à n'être que des aveugles, des
esclaves ou des dupes, s'abstiennent, et préparent, par
leur abstention, le succès de minorités habiles, ou le
discrédit d'une majorité à laquelle leur adhésion manque.

5° Il faudrait au contraire que chaque électeur fût ab-
solument libre de choisir qui bon lui semble pour lui
confier ses pleins pouvoirs; qu'il pût choisir lui-même et
sans se préoccuper de savoir s'il aura ou non la majorité,
un mandataire quel qu'il soit, dont il connaisse personnellement depuis longtemps les opinions et l'honorabilité, et en qui il ait pleine confiance, soit que ce mandataire puisse arriver lui-même à être député, s'il par-
vient à réunir un nombre suffisant de suffrages, soit
qu'il doive simplement concourir, dans la proportion du
nombre des suffrages qu'il aura reçus, au choix et à la
nomination du député à élire.

Jamais, par exemple, un plaideur, ou un malade qui
ne connaît pas de médecin ou d'avocat, ne s'en ira choi-

sir, pour lui confier le soin de sa fortune ou de sa santé, un inconnu, qui lui serait recommandé par d'autres inconnus; mais il trouvera plus naturel, plus logique et plus sûr de s'adresser à un ami intelligent et dévoué pour le charger de lui choisir, parmi les plus capables, le docteur ou le légiste dont il a besoin.

Les électeurs doivent vouloir procéder de la même manière pour le choix et la nomination d'un député.

6° Il faudrait qu'un nombre de suffrages exactement semblable soit nécessaire et suffise à chaque candidat pour arriver à être député, que même chaque député ne puissee conserver que ce nombre réglementaire; et soit tenu de retrocéder ce qu'il aurait en plus à un autre candidat de son choix, et de son parti politique; et cela, afin que chaque nuance de l'opinion publique en France soit représentée dans le parlement, par un nombre de députés exactement proportionnel au nombre de ses adhérents dans le pays; et que dès lors la majorité dans la chambre, représente bien incontestablement l'opinion de la majorité dans la France entière.

7° Il faudrait encore que le nouveau mécanisme électoral fût arrangé et combiné de telle façon, que les notabilités et les capacités de toute sorte et de toute nuance, émergent tout naturellement et presque nécessairement de cet océan orageux et troublé de 8 à 10,000,000 d'électeurs, se dégagent de la masse, se contrôlent et s'épurent de plus en plus à mesure qu'elles s'élèvent, et finissent par ne laisser entrer au parlement que les hommes les plus éminents dans les diverses nuances de l'opinion publique.

8° Il faudrait enfin que le mandat de député soit court, si l'on veut, quatre ou cinq ans, par exemple, mais que pendant la durée d'une législature, aucune réélection ne soit jamais nécessaire, de sorte que les électeurs, certains d'avoir envoyé au parlement l'élite de la nation pourraient, après être retournés à leurs comptoirs, à leurs ateliers ou à leurs charrues, s'occuper tranquillement de leurs affaires, sans en être à chaque instant distraits pour une cause ou pour une autre; et laisseraient en même temps le parlement faire tranquillement aussi les affaires du pays, puisqu'ils l'ont nommé pour cela. Chacun alors ferait son métier, selon l'expression vulgaire, et les choses n'en iraient que mieux.

Telles sont les données du problème difficile et compliqué qu'il faudrait résoudre ; il peut tout d'abord paraître insoluble ; mais cependant la recherche d'un mode d'élection qui présenterait simultanément tous ces avantages divers et incontestables, serait bien digne d'attirer l'attention et d'exercer la sagacité des hommes qui s'occupent sérieusement d'améliorations et de réformes politiques, possibles et pratiques; et une fois trouvé, à supposer qu'on le trouve, ce nouveau mode d'élection devrait être de suite adopté et mis en pratique, à cause de son évidente supériorité, quand bien même il paraîtrait un peu plus lent ou un peu plus compliqué que le mode si défectueux à tous égards qu'on a employé jusqu'à ce jour.

En attendant qu'une combinaison électorale nouvelle et meilleure soit trouvée par des chercheurs plus heureux ou plus habiles, nous demandons la permission d'en proposer une que nous soumettons à l'examen des hommes compétents et que nous recommandons à leurs méditations.

Nous supposons le système du suffrage universel maintenu avec de légères modifications.

Dans ce système, tous les Français, âgés de 25 ans

et domiciliés, sont électeurs; excepté pourtant les *crimi-nels*, les *indignes* et les *incapables*, c'est-à-dire ceux qui ne *veulent* pas, ou qui ne *peuvent* pas remplir les conditions d'honorabilité, de responsabilité et d'indépendance, réellement nécessaires et indispensables à l'exercice du droit de vote. Ces conditions seraient ultérieurement définies et déterminées par une loi, parfaitement fondée en raison, qui donnerait aux *abeilles* seules, voire même aux plus petites, l'accès, le soin et la garde de la *ruche sociale*; mais qui en tiendrait soigneusement éloignés, les *guêpes* et les *frelons* de toutes les grosseurs.

Nota. On n'aurait qu'à vingt-cinq ans l'exercice du droit de vote, par cette raison que, de 20 à 25 ans, presque tous les Français vont très-probablement entaer dans l'armée active ou dans la réserve; et que, dès lors, faisant partie d'un corps armé, ils ne peuvent ni délibérer ni par conséquent voter.

Voici maintenant comment on pourrait procéder aux nouvelles opérations électorales qui, commencées à la commune, se continuent au canton, s'achèvent presque au chef-lieu de chaque département, mais ne se complètent et ne se terminent difinitivement qu'au siége même du parlement.

Au jour fixé, le scrutin souvre à la commune. Le vote est obligatoire pour tous, mais ceux qui ne peuvent pas ou ne veulent pas se rendre personnellement au scrutin peuvent et doivent inscrire sur leur carte d'électeur le nom de leur choix, la signer et l'envoyer au scrutin, comme bulletin de vote.

Le vote est secret, excepté pour ceux qui ne se rendent pas au scrutin.

Le procès-verbal de dépouillement est fait en triple

expédition. L'une restant à la commune, une autre est envoyée au canton et l'autre au département.

Ici se termine la mission des électeurs.

Les élus de ce premier scrutin forment dans chaque département trois catégories de mandataires :

1° Ceux qui ont obtenu 20,000 voix et plus sont *députés ;*

2° Ceux qui en ont moins de 20.000 et plus de 1000 sont *candidats*, et c'est parmi eux que devront être choisis les députés qui restent à élire ;

3° Ceux qui ont moins de 1000 suffrages, sont simplement *délégués.*

NOTA. Les absents qui ne savent pas écrire font inscrire *le nom* de leur choix sur leur carte d'électeur, la font légaliser par le maire de la commune où ils se trouvent et l'envoient au scrutin de leur propre commune, comme bulletin de vote.

Au département se fait le recensement général des procès-verbaux des communes, après quoi chacun des élus du premier scrutin recevra, comme *délégué, candidat*, ou même *député*, une carte contenant et constatant le nombre de suffrages qu'il a obtenus.

Huit jours après le premier, un second scrutin s'ouvre au canton, auquel les *délégués seuls* sont admis.

Là chaque *délégué* doit choisir parmi les *candidats* élus au premier scrutin celui qui lui inspire le plus de confiance, et reporter sur ce *candidat* toutes les voix que lui même a reçues.

Pour cela, il inscrit sur sa carte de *délégué* le nom du *candidat* qu'il a choisi, la signe, et s'en sert comme de bulletin de vote.

Ici, se termine la mission des délégués.

Après le recensement général du scrutin cantonal

de nouvelles cartes sont envoyées aux élus de ce deuxième scrutin, contenant et constatant le nombre de suffrages nouveaux que certains *députés* ou *candidats* y ont obtenus.

Alors, un nouveau procès-verbal départemental est rédigé contenant séparément le nombre de suffrages que chaque *député* ou *candidat* a obtenu au 1er et au 2e scrutin; deux copies en sont envoyées de chaque département, l'une au ministère de l'intérieur, l'autre à la questure de la chambre, afin de rendre très-faciles et presque instantanés, le contrôle et la vérification des cartes personnelles ou rétrocédées, qui seront présentées à la questure par les députés élus.

Dans les huit jours qui suivent le 2e scrutin et précèdent l'ouverture du Parlement, presque tous les *candidats*,réunis au chef-lieu du département, en comités divers correspondant aux diverses nuances de l'opinion publique discutent entre eux leurs mérites respectifs et finissent par reporter sur ceux qu'ils considèrent comme les plus dignes et les plus capables de représenter leur opinion et leur pays, tous les suffrages qu'ils ont eux-mêmes reçus de leurs mandants, *électeurs* ou *délégués*.

La cession et la transmission des cartes des *candidats* et des suffrages qu'elles constatent s'opère simplement et présente les mêmes garanties que celle des effets de commerce par voie d'endossement. Le cédant inscrit sur sa carte le nom du cessionnaire de son choix, la signe et cela suffit; mais celui qui signerait une carte quelconque d'un faux nom serait poursuivi et puni comme *faussaire*.

Deux jours avant l'ouverture du Parlement, les *candidats* qui restent encore avec un nombre insuffisant de suffrages, parce qu'ils n'ont pas pu le compléter, ou qu'ils n'ont pas voulu les reporter sur un *candidat* de leur propre département, sont tenus, à peine de forfaiture envers le pays, de les reporter sur l'un des députés déjà nommés, à leur choix, et même sur un député élu dans un autre département.

Là se termime le rôle actif des candidats.

Immédiatement aprés l'ouverture du Parlement les députés élus se réunissent en dehors des séances en divers comités suivant leur opinion, comptent et groupent les suffrages plus ou moins nombreux que beaucoup d'entre eux ont reçus, en plus du nombre reglementaire, discutent à leur tour le mérite et la capacité de certains *candidats* restés en chemin, et rétrocèdent à ceux de ces *candidats* qui leur semblent le mériter davantage par leur caractère et leur talent, d'abord les suffrages qu'ils en avaient reçus et ensuite ceux qui leur manquaient pour être députés. Les choix de ces derniers députés doivent être terminés assez tôt pour que la vérification de leurs pouvoirs puisse avoir lieu sans interruption, à la suite de celles des autres, afin de ne pas retarder ou interrompre le travaux du Parlement.

Enfin en recevant sa carte de représentant, chaque député serait tenu de déposer à la questure de la chambre un pli cacheté contenant, pour le cas où il viendrait à décéder pendant la durée de son mandat, son testament politique; c'est-à-dire tout simplement le nom d'un *candidat* auquel il lègue et rétrocède, pour le remplacer comme *député*, les 20,000 voix qui lui avaient été données; de sorte que jamais aucune réélection partielle ne serait nécessaire.

Dans ce nouveau système électoral, ce qui le distingue, le caractérise et le différencie, c'est le pouvoir donné et le devoir même imposé à chacun des élus des premiers scrutins de rétrocéder à un ami politique de son choix toutes les voix qu'il a obtenues directement et aussi toutes celles qui lui auraient été rétrocédées.

Ce droit de cession et de transmission des suffrages n'est pas aussi exorbitant qu'il peut le paraître au premier abord : ne voit-on pas tous les jours, même dans les affaires les plus importantes, qu'une simple procuration confère à un mandataire les pouvoirs les plus étendus, et même celui de transférer à un autre tous ces pouvoirs? Pourquoi ne pourrait-on pas faire quelquefois, dans l'ordre politique, ce qui se fait chaque jour dans l'ordre civil et judiciaire ?

Et ici ce droit de cession ne présente que des avantages sans aucun inconvénient, si l'électeur sait d'avance que son mandataire aura ce droit, et si parfaitement libre de choisir qui bon lui semble, il le choisit en conséquence. Au lieu d'agir en aveugle et au hasard en donnant sa voix à un inconnu sur la foi de recommandations dont il ne peut contrôler ni la valeur ni la sincérité, l'électeur devra trouver plus naturel, plus logique, plus conforme au bon sens et à la saine raison qu'on lui laisse choisir lui-même le mandataire qu'il jugera convenable et que souvent même il considérera comme plus instruit et plus capable que lui-même de faire un bon choix.

Dans ce nouveau mode d'élection, l'agitation électorale n'existe plus, pour ainsi dire. On n'a plus besoin ni de ces réunions électorales, préparatoires, tout à la fois turbulentes et stériles pour le bien, ni de ces comités sans mandat, qui conseillent et plus souvent divisent ou trompent les électeurs; ces choses n'ont plus de raison d'être, puisque c'est le corps électoral lui-même qui va désormais choisir et désigner des mandataires, devant composer des comités réguliers qui agiront en vertu d'un mandat réel.

Cette agitation presque nulle à la commune est un peu plus grande au canton, où les *délégués* avant de se prononcer, étudient et discutent les *candidats* sur lesquels ils devront reporter leurs voix. Elle est plus grande encore au département où les rivalités s'accentuent d'avantage et où presque tous les candidats réunis en comités divers, suivant leur nuance d'opinion, discutent entre eux leurs mérites respectifs, et les droits qu'ils peuvent avoir pour arriver à être députés. Mais cette agitatiou ne présente plus ici que des avantages, car alors la lutte est circonscrite entre un nombre relativement restreint de concurrents presque tous hommes d'une certaine valeur politique; et surtout bien plus aptes que les multitudes à apprécier sainement et en connaissance de cause, l'honorabilité, la capacité et les talents de ceux de leurs collègues qui doivent arriver à la députation.

Dans ce nouveau mécanisme électoral, on voit que les *délégués*, les *candidats* et les *députés* eux-mêmes, sont appelés à compléter d'une manière plus compétente, l'œuvre commencée à la commune par la masse des électeurs, ils revisent pour ainsi dire les indications des premiers scrutins, et font encore des choix parmi leurs élus ; mais comme ces *délégués*, *candidats* ct *députés* même ne concourent au complément définitif de l'élection, que dans la proportion du nombre des suffrages directs ou indirects que chacun d'eux a obtenus de ses concitoyens, c'est-à-dire dans la mesure exacte de la confiance qu'il leur a inspirée, on peut dire avec vérité que c'est le corps électoral lui-même qui se contrôle, s'épure et se perfectionne de plus en plus, afin de ne laisser en définitive entrer au parlement que des hommes qui soient l'élite de la nation, et ce résultat sera obtenu tout naturellement et presque nécessairement, chaque comité de *candidats* ayant intérêt à choisir l'homme le plus éminent qui se rencontrera dans son sein pour soutenir dignement à la chambre la nuance d'opinion à laquelle appartient ce comité.

Dans ce nouveau système enfin, tous les votes sans exception produisent un effet utile, et chaque opinion, la plus avancée comme la plus rétrograde, sera représentée au parlement, comme on l'a déjà dit, par un nombre de députés exactement proportionnel au nombre de ses adhérents dans le pays ; en sorte que la chambre sera bien réellement l'image réduite, exacte et photographiée pour ainsi dire, de la France entière.

Un parlement, élu dans de semblables conditions pourra décider et déclarer que chacun de ses membres sera revêtu pendant toute la durée légale de son mandat d'un caractère réellement inviolable et indélébile, qui l'oblige lui-même et l'empêche de se croire jamais, quoiqu'il arrive, délié du mandat qui lui a été confié et qu'il a accepté, tant qu'un nouveau parlement régulièrement élu ne vient pas remplacer celui dont il fait partie. Un tel parlement dont chaque membre aura d'ailleurs un succes-seur désigné d'avance et muni du pouvoir régulier de le remplacer en cas de décès, pourrait sans inconvénient rentrer à Paris et y siéger ; car en supposant qu'une nouvelle émeute, momentanément victorieuse, puisse encore une fois l'envahir, le disperser et même le décimer; cette émeute, si formidable qu'elle soit, ne pourrait plus jamais devenir une révolution, parce que bientôt, sur un point quelconque du territoire, elle retrouverait devant elle, debout et complet, le parlement tout entier autour duquel viendraient se grouper toutes les forces vives du pays dont il est la personnification et la vivante image ; du reste, les émeutes deviendraient rares, si elles n'a-vaient l'espoir et la chance de devenir des révolutions.

Un parlement, dont les membres seront presque tous

des hommes éminents et l'élite de la nation dans chaque nuance de l'opinion publique, aura nécessairement une grande autorité morale et matérielle. La majorité qui se formera alors, incontestée, sûre d'elle-même, pourra marcher hardiment dans la voie des améliorations utiles et pratiques et rejeter, hardiment aussi, les réformes impossibles et les utopies irréalisables ou malsaines. De plus, elle saura, après avoir sondé toutes les plaies de notre pauvre France, y appliquer des remèdes héroïques s'il le faut, pour essayer de la guérir et de la sauver ; et tout à la fois forte et protectrice, elle pourra faire retrouver au pays, avec son ancienne prospérité et son ancienne grandeur, le calme et la sécurité qu'il ne connaît plus depuis longtemps.

En attendant donc qu'un meilleur système électoral se produise, voici le mien : il est simple et pratique, malgré la longueur de cet exposé ; il est honnête et loyal, car il laisse à tous les électeurs l'entière liberté de leurs choix et permet à toutes les opinions d'avoir des représentants dans le parlement ; il assure à la vraie majorité un pouvoir et un prestige incontestables qui pourront peut-être conjurer les dangers qui nous menacent, et qui, en ce moment, mettent sérieusement en péril la vraie liberté, la civilisation et même la société toute entière.

Si ce nouveau mode d'élection ne semble pas encore tout à fait satisfaisant, et si on lui trouve encore des inconvénients, qu'on se mette à l'œuvre alors ; qu'on cherche et qu'on trouve mieux, je le demande et le désire ; mais surtout qu'on se hâte, car le temps presse, le ciel s'assombrit de plus en plus, et l'orage pourrait éclater bien plus tôt qu'on ne pense.

E. C.